# La escuela de los vampiritos
# El examen

# La escuela de los vampiritos
# El examen

Jackie Niebisch

Traducción de Gabriel Borrero
Ilustraciones de Jackie Niebisch

Norma

www.librerianorma.com | www.literaturainfantilnorma.com

Bogotá, Buenos Aires, Caracas, Guatemala,
Lima, México, Panamá, Quito, San José,
San Juan, Santiago de Chile.

Niebisch, Jackie ,1957-
La escuela de los vampiritos: El examen / Jackie Niebisch. – Bogotá: Grupo Editorial Norma Infantil Juvenil, 2000.
144 p.: il.; 19 cm. – (Torre de Papel. Torre Azul)
Título original: Die Schule der kleinen Vampire-die Prüfung.
ISBN 958-04-5641-0
1. Novela Infantil alemana. 2. Escuelas - Novela infantil 3. Vampiros – Novela infantil 4. Maestros – Novela infantil I. Tít. II. Serie
I833.91 cd 19 ed.
AGZ8674
CEP- Biblioteca Luis-Ángel Arango

Título original en alemán:
*Die Schule der kleinen Vampire-Die Prüfung*
de Jackie Niebisch



ISBN 10: 958-04-5641-0
ISBN 13: 978-958-04-5641-4

Marzo, 2017



Impreso por Editorial Buena Semilla
Impreso en Colombia

www.librerianorma.com

Traducción: Gabriel Borrero
Ilustraciones: Jackie Niebisch
Edición: Cristina Puerta
Diagramación y armada: Blanca Villalba
Elaboración de cubierta: Patricia Martínez Linares

C.C. 26011216

# Contenido

## ¿Cómo se reconoce a un niño?

La sangre y los dientes puntiagudos no son cosas de niños, afirman ciertas personas listas. Pero es probable que esas personas nunca se hayan preguntado qué es un niño exactamente ni cómo se reconoce. Y en caso de que así fuera, su respuesta es demasiado simple, pues dicen: "Eso depende de la edad". ¡Como si sólo dependiera de la edad! ¡De la edad o de los números, de los dientes de leche o de la talla de los zapatos! Yo les puedo demostrar a ustedes que esas personas están muy equivocadas.

Hablando de los vampiros, por ejemplo, un niño debe tener por lo menos sesenta años de edad antes de que pueda asistir a la escuela. Es más, la mayoría empieza a los setenta porque prefiere seguir jugando otros diez años.

Y para que ustedes no piensen que mis ejemplos son traídos de los cabellos, les presento rápidamente una segunda prueba: los niños de los insectos que apenas viven un día.

Tan sólo seis horas después de haber nacido, estos niños ya han terminado de hacer todas sus tareas, incluidos los minutos que tardarían en repetir el año. Eso quiere decir que un niño que nace por la mañana ya puede ir a cobrar su pensión por la tarde sin remordimientos.

Como ven, con la edad y con los números uno puede hacer de todo. Hablando de los niños de nosotros los humanos, muchos llegan a los setenta años. Pero a diferencia de los vampiros, en el camino la mayoría pierde la fantasía, el pelo y los dientes.

# Nuestro profesor se llama Polidori

Como ya dijimos, los vampiros también comienzan siendo pequeños, lindos e ignorantes, y tienen que ir a la escuela para aprender su oficio. Porque ellos no vienen al mundo ya siendo sanguinarios, sino que lo aprenden estudiando mucho y yendo a clases todos los días.

Esta historia habla de los niños vampiros Regañadientes, Microbio, Dientes de Leche, Tinto, Sepulcreta y Grandulón, el cual, para horror y deshonra de cualquier papá vampiro, ¡no soporta ver la sangre! Es muy raro, pero es cierto: no soporta la

SANGRE. No importa si es Rh+ o Rh–, de un ser humano o de un cadáver.

Todos los vampiritos asisten al prestigioso internado nocturno del conde Lester, y allí, en la tenue oscuridad de los sepulcrales salones de clase, se preparan para presentar el examen final del vampicherato.

Como ustedes seguramente han visto en el montón de libros y películas de vampiros, cerca de ellos siempre ronda algún profesor loco con una manía persecutoria, que quiere cazarlos y aniquilarlos. Una práctica institución de la naturaleza contra el aburrimiento.

El profesor de nuestro cuento se llama Polidori, y hasta donde él recuerda, toda su vida ha investigado las costumbres de los vampiros. Nunca los ha visto en persona, aunque siempre que hay luna llena

vaga por los bosques armado de una estaca de madera recién afilada, listo a clavársela en el corazón a uno de esos malvados zombies.

Este profesor da largas conferencias, escribe libros de cinco kilos y no se cansa de aconsejar cómo protegerse de la inminente amenaza del vampirismo. Pero, ¡pobre profesor! Nadie le cree y sólo consigue burlas y bostezos.

"Ajá, háganse los sordos", les dice el profesor con rencor a los incrédulos habitantes de su ciudad. "Sólo háganse los sordos", repite, y jura por cada diente de ajo: "¡Primero pasa un camello por la puerta de un cementerio antes de que yo desista de mi empeño! ¡Yo voy a encontrar a los vampiros!", y sale a buscarlos. Y se lamenta de la diferencia que hay entre la teoría y la práctica.

Ahora imagínense ustedes un viejo castillo en ruinas en lo alto de una montaña y una pequeña ciudad que duerme al pie de la montaña. Junto con esto, un bosque de pinos espeso y oscuro, en la ladera. Y sobre todo, no se olviden de la luna.

Porque con la luna se pueden hacer muchas cosas.

Supongamos que quieren contarle a su hermanita un cuento de miedo después de rezar la oración de las buenas noches. Ustedes cuentan y cuentan, hasta que llega la parte del cementerio... Entonces tienen dos posibilidades para seguir contando el cuento:

**sin luna:**

"¡y de repente apareció un vampiro por detrás de la tumba...!"

**o con luna:**

"¡y de repente apareció bajo la fría luz de la pálida luna la sombra funesta de un vampiro...!

Pueden ensayar ambas posibilidades dependiendo de lo que quieran hacer: asustar a su insoportable hermanita o a su querida abuelita que sufre del corazón.

## La clase

Esta es una buena oportunidad para que ustedes se puedan imaginar a los futuros monstruos chupasangre, porque es pasada la media noche y va a comenzar la clase.

La figura de azul oscuro y birrete es el maestro Archibaldo Oxford. Detrás, el primero en la fila es Dientes de Leche, el más aplicado de la clase. Detrás de él, mostrando sus dientes de leche, está Regañadientes, que sueña con convertirse en el vampiro más cruel del mundo. Luego sigue el menor de todos, Microbio, y junto a él está su vecino de puesto, Grandulón. Viene después Sepulcreta, una auténtica vampirita con risa de pilluela y garras afiladas que se pinta de rojo. El último del grupo, el del gorro de periódico, es Tinto, que siempre llega tarde a clase. Cuando algo aletea adormilado por el salón, no hay duda de que es Dormilón, el murciélago más perezoso de la cripta. A veces ronca volando y hace como si estuviera aserrando.

Cuando Oxford terminó de explicar lo que iban a ver en clase, les preguntó a los vampiritos qué planes tenían para el futuro.

—¿Ya saben qué quieren hacer cuando salgan de la escuela?

—Yo voy a escribir mi tesis de doctorado —respondió Dientes de Leche—. Luego voy a ser profesor y después director de la biblioteca del castillo.

—¿Ratón de biblioteca? ¡Uy, no gracias! Yo quiero ganarme tan mala fama que todos tiemblen cuando oigan mi nombre —dijo Regañadientes mostrando los dientes—. ¡Quiero que todos griten cuando me vean!

—Yo voy a construir un observatorio —dijo Grandulón.



Tinto explicó que él quería ser ingeniero de vuelo y Sepulcreta dijo que le gustaría ser guardiana de ataúdes. Microbio era el único que no sabía todavía qué quería hacer:

—¿Ponerme a trabajar apenas salga de la escuela? ¡Prefiero jugar otro par de años!

En medio de la discusión sobre los planes futuros, se oyó de repente un golpe fuerte en la puerta. El conde Lester entró en el salón con sus lobos para darles a los niños uno de sus conocidos sermones. El conde Lester no era sólo el director del colegio, descendiente directo del conde Drácula de Rumania, sino que también era el papá de Grandulón.

—Buenas noches, niños —empezó—. Hoy no quiero extenderme mucho. Más bien quiero recomendarles encarecidamente que sean aplicados y no deshonren

nuestra cripta. No en vano sus padres los mandaron a la mejor escuela del país.

—Bien dicho: ¡esta es la mejor escuela del país! —graznó Oxford—. ¡Bien dicho!

—Teniendo en cuenta la proximidad del examen final —continuó el conde Lester—, nos preocupa cada vez más su conducta. Anoche no más hubo cinco anotaciones en el libro de conducta. Dientes de Leche llegó a clase arañado, Microbio tuvo una hora de retraso, a Regañadientes le llamaron la atención tres veces por morder la mesa y llenarla de babas, Tinto hizo aviones de papel con todas sus composiciones y Sepulcreta se robó del cementerio unos cráneos para jugar fútbol, aunque ustedes saben que

eso está terminantemente prohibido. ¡Si siguen así, van a tener que repetir el año! ¡Porque un diploma como el que tengo en mis manos sólo se consigue pasando el examen final!

Microbio preguntó:

—Y si uno no lo pasa, ¿cuántas veces puede repetirlo?

—¿Repetirlo? —aulló el conde y con él sus lobos—. ¿Se te olvida acaso que nuestra escuela es famosa por su estricta educación? Nuestros ex alumnos siempre han sido los vampiros más temidos de todos. Y me enorgullezco de eso. Y así debe seguir siendo, en el nombre de la luna y de los lobos aulladores. ¡Amén!

# Historia

A todos les encantaba esta clase porque a diferencia de nosotros, los seres humanos, los vampiros no necesitan aprenderse de memoria un montón de fechas complicadas, ni quién hizo qué, cuándo, dónde o con quién.

Oxford les hizo tres preguntas a sus alumnos. Una fácil, una medio difícil y una auténtica pregunta de examen. Obviamente todos se sabían la respuesta a la pregunta fácil, y como todos querían contestar de primeros, la clase parecía una carrera de caballos, con el ganador a

¿Quién se ganó nuestro castillo en 1642 en una apuesta? ¿Carlos el Terrible o Enrique el Sanguinario?
Carlos el Terrible
Carlos el Terrible
Enrique el Sanguinario
Enrique el Sanguinario

la cabeza, algunos caballos en la mitad y otros rezagados.

Dibujado, esto se ve más o menos así:

Como pueden ver, Dientes de Leche sacó otra vez una ligera ventaja, seguido por Tinto. En la segunda pregunta aumentó un poco la ventaja de Dientes de Leche.

—¿Cuántos litros de sangre tuvo que tomarse Enrique el Sanguinario? Por favor, no traten de adivinar. ¿Dos litros...? ¿Tres litros...? ¿O cinco?

—¡Veinte! —gritó Regañadientes.

El resto de la clase ya se sabía la respuesta:

—¡Cinco litros! —gritaron todos al tiempo.

Aunque también Grandulón se sabía la respuesta, comenzó de repente a tener mal semblante. Sepulcreta comentó, saboreándose:

—¡Qué rico! Cinco litros de sangre roja recién exprimida de la vena y tomada a sorbos.

—Exquisita, exquisita...

Grandulón se sentía cada vez peor. Regañadientes, en cambio, parecía rejuvenecido.

—Enrique el Sanguinario se tomó todo el jugo de saaaaangre y hasta lo que se chorreó al suelo —dijo.

—Hasta la última gota —corroboró Microbio.

Grandulón se había resbalado casi por completo de su pupitre.

—¿A ti qué te pasa? —preguntó Oxford, preocupado—. Estás pálido.

—¡Está blanco como un cadáver! —se rieron de él sus compañeros.

—No es nada... ya se me va a pasar —contestó Grandulón—. De veras... —y se volvió a acomodar en el asiento.

—Bien, niños —siguió preguntando Oxford—, ahora viene la pregunta definitiva: díganme cuál es la diferencia entre Archibaldo el Cruel, Édgar el Horrible y Transilvia Sangre Azul.



Todos se pusieron a pensar y Dientes de Leche levantó de primero la mano, emocionado.

—¡Yo, profesor! ¡Yo! Archibaldo implantó hace trescientos años las primeras reglas escolares, Édgar estableció el sistema de calificaciones y Transilvia es desde hace cuatrocientos años nuestra poeta viva más importante. ¿Cierto?

—¡Muy bien! —sonrió Oxford con satisfacción—. ¡Muy bien! Entonces... ¿quién implantó las primeras reglas escolares? —dijo mirando con severidad por debajo de su birrete a Tinto, al que había pillado haciendo un avioncito de papel. Dinos quién, Tinto.

—...ah... eh... para ser exactos... eh... fue Archibaldo.

—¿Archibaldo qué?

—...ah... eh... el apellido termina en *el*.

—Si no pones más atención la próxima vez, te voy a mandar otra vez a fregar ataúdes —lo regañó Oxford.

## El juego de vampiros y hombres

¿Ustedes conocen este juego? En el recreo, alguno se para frente a una pared y cuenta hasta diez, y el que hace de hombre tiene que echarse a correr. ¿Y quién hace de hombre?

Adivinen: ¡Dientes de Leche!

—¡Ay, no! ¡Siempre yo! Yo ya no quiero hacer de hombre. Siempre que hago de hombre ustedes me dan duro.

—Pero es que tú haces de hombre mejor que todos —trató de convencerlo Microbio—. ¡Tú haces súper chévere!

—¿Sí?

—Sí, eres la víctima perfecta —afirmaron todos, hasta Regañadientes—. Dale, corre a escaparte como un hombre...

También Sepulcreta dijo:

—Los más juiciosos del curso son las mejores víctimas.

—Está bien —volvió a dejarse convencer Dientes de Leche—. Pero esta es la última vez que hago de hombre...

—¿Listo? —gritó Regañadientes mostrando sus dientes de leche—. Ya voy a empezar a contar... uno... dos... tres...

Dientes de Leche se echó a correr.

—¡Tú estás mirando y mirar no se puede! —le dijo a Regañadientes.

—...siete... ocho... nueve... diez... ¡Ya vamos!

Y con un aullido bestial, toda la clase se le echó encima.

Como Regañadientes quería atraparlo primero, Dientes de Leche usó su viejo truco: tirarse al suelo y hacerse el muerto.

—¡Hacerse el muerto no vale! —gritó Regañadientes.

—¡Da lo mismo! —se rio Sepulcreta—. Los muertos también saben rico...

—¡Auxilio!

—¡Yo me pido el cuello!

—¡Yo la pierna!

—Yo le chupo la vena, ¡grrrrrrrr!

Por fortuna para Dientes de Leche, el recreo no era muy largo...

Hacerse el muerto no vale!

# Ajo, ¡qué asco!

—Niños, hoy les traje dos cosas. Dos cosas que un buen vampiro debe evitar bajo cualquier circunstancia. En mi mano derecha tengo una tira de ajos, y en mi mano izquierda tengo una cruz. Ahora pongan atención. Cuando yo estire la mano derecha con los ajos, ustedes deben sentir repugnancia y gritar bien duro: "¡Qué asco!" Y cuando yo les muestre mi mano izquierda con el crucifijo y grite "¡Aléjate de mí, chupasangre ateo!", ustedes deben escapar y esconderse debajo de los asientos, muertos del susto. ¿Listos? Concentración, vamos a empezar...

Apenas Oxford estiró la mano derecha, la clase entera comenzó a gritar lo más fuerte que pudo:

—¡Qué asco! ¡Qué asco!

Y Dientes de Leche, que todo lo quería hacer mejor que los demás, lanzó un aullido larguísimo:



—¡Qué ascoooooooooo!

Todos sus compañeros también comenzaron a gritar:

—¡Guácalas, gas fuchifó, qué asco! ¡Llévense esa cosa! —y cada uno intentó aventajar al otro y se produjo una algarabía tremenda.

—Excelente, niños —los felicitó Oxford—. Pero ahora quiero que guarden silencio. Ya es suficiente... ¡Si-len-cio!

—cuando por fin todos se callaron, Oxford levantó la mano izquierda con el crucifijo y dijo—: "¡Aléjate de mí, chupasangre ateo!"

Cual relámpago, todos se escondieron desordenadamente y rabiosos debajo de los asientos volteados.



—¡Corran! ¡Es la cruz! ¡Sálvese el que pueda! —gritó alguno.

—Este ejercicio salió a las mil maravillas —dijo Oxford satisfecho—. Ya pueden salir de sus escondites.

—Lástima, era cheverísimo.

—Sal de ahí tú también, Tinto...

Cuando todas las mesas y sillas volvieron a estar en su lugar y ya se iba a acabar la clase, Microbio y Sepulcreta le pidieron a Oxford:

—Profesor, ¿nos puede mostrar otra vez la cruz?

—¡Ay, sí! —suplicaron todos los demás—. ¡Por favor, profesor, por favor...!

Oxford se ablandó:

—Está bien, pero sólo con la condición de que después vuelvan a dejar organizado el salón de clase.

## Sol, luna y polvo

—Y ahora un par de palabras sobre nuestro planeta, la luna... —con un pedazo de tiza explicó Oxford en el tablero que la luna crece y decrece—. Tengan en cuenta que la luna es la estrella que nos despierta. Es la estrella que nos mantiene con vida. Miren por la ventana cuán grande y amarilla se ve allá arriba. Observen su luz tenue y amistosa. ¡Es el opuesto del sol deslumbrante y detestable! Hasta los hombres se ponen gafas oscuras para no estar siempre expuestos a sus rayos. Por eso ustedes no deben salir cuando haya sol. Eviten hasta el más mínimo rayo, vá-

yanse derechito a sus ataúdes por las mañanas y tápenlos bien, y sobre todo, ¡no se pongan a oír música!

—¿Y eso por qué?

—Porque la música está llena de rayos de sol.

—¡Qué lástima!

—¡Con lo rico que es moverse en el pupitre siguiendo el ritmo!

—¿Y qué tiene de malo el sol? —preguntó Grandulón—. ¿Hace que nos enfermemos?

—¿Enfermarse? ¡Oh, atrevida ignorancia! ¡El sol acaba con nosotros! Es nuestro fin más temido y cruel.

Hubo agitación y alboroto en la clase.

—¿De verdad? ¿Y eso por qué?

—Porque el sol nos convierte en cenizas —explicó Oxford con toda seriedad.

Petrificada, la clase guardó un silencio increíble.

—¿En cenizas?

—Exactamente: en cenizas y polvo.

—¿Todo por un simple rayo de sol?

—Sí, basta un simple rayo de sol.

—¡Qué crueldad!

—¡Qué bobada!

—Es increíble...

—¡Suena horrible!

—¡Uno termina en la aspiradora!

—O la persona que hace el aseo, ¡suas!, se lo lleva a uno en el recogedor.

# Polvillo

Se sintieron algunas risitas en el salón de clase. Y después de que los estudiantes se repusieron del primer choque, comenzaron a expresar sus dudas: ¿Y si eso sólo les pasaba a los vampiros de antes y no a los de ahora? Pero Oxford puso fin a sus esperanzas con un gesto sombrío:

—Este que está aquí es Polvillo —les dijo con tristeza, levantando un recogedor con un montoncito de cenizas. Dos envejecidos colmillos sobresalían entre las cenizas—. Polvillo era uno de nuestros mejores alumnos. Sacaba buenas notas, adoraba la sangre y era una bala en los deportes. Tenía una magnífica carrera por delante... pero insistió en salir al sol... lo cual ocurrió poco antes de presentar el examen...

# Néstor y los Lobitos

Ahí viene Néstor con su minino. Néstor es el guardián del dormitorio y es el responsable de que la nueva promoción de vampiritos se acueste puntual en sus ataúdes antes de que salga el sol. Pero primero tienen que hacer lo de siempre: mostrarle los dientes a Néstor. Porque antes de irse a la cama tienen que cepillarse y afilarse los dientes muy bien. Todos los vampiritos hacen fila para que Néstor les revise la boca:

—Aaaaaaaaaaah.

A Néstor no se le escapaba nada.

—¿Qué veo por aquí? —observó en las fauces de Regañadientes—. ¡Restos de comida! ¿Volviste a comer gusanos?

—¿Yo? No... —contestó Regañadientes haciéndose el inocente.

Tinto tenía muy mal aliento.

—¿Otra vez te tragaste un sapo? —preguntó Néstor.

Y a Sepulcreta le pilló pedazos de araña en el diente mueco.

Después de volverse a cepillar, todos se metieron entre sus camas.

Pero Microbio no tenía sueño.

—Cuéntanos un cuento, Néstor —le pidió al guardián.

A Sepulcreta también le encantaban los cuentos de las buenas noches, en especial los cuentos de amor y besos.

—¡Qué cuentos más bobos! —se burló Regañadientes—. Cuéntanos algo escalofriante, al menos con tres cadáveres y una pata de palo.

Al oír esto, rápidamente Microbio se pasó al ataúd de Grandulón.

—Te dejo dormir conmigo si no me robas la cobija —le dijo a Microbio.

—Había una vez un hombre... —comenzó Néstor—. Para ser exactos, estaba una vez Claudia Schiffer en el cementerio de Mónaco cuando yo pasaba allá mis vacaciones. Cuando ella vio el brillo de mis ojos bajo la fría luz de la pálida luna detrás de la lápida, quedó perdidamente enamorada de mí. Yo la abracé y me le eché al cuello. "¡Oh!", gritaba Claudia. "¡Pareces un vampiro!" Niños, yo no podía de la risa. ¡Claudia quería que la siguiera besando! Les digo que fue amor al primer mordisco... bueno, y eso es todo. Ahora, a dormir.

—¡Qué cuento más tonto! —refunfuñó Regañadientes—. ¿No hubo reguero de sangre ni esas cosas?

—No —contestó Néstor—. Fue una chupadita a sorbos, muy dulce... Oye Microbio, ¿qué estoy viendo allá? ¡Pásate a tu ataúd!



—Es que no me puedo dormir.

—Cierra los ojos y ponte a contar lobitos.

Microbio cerró los ojos y comenzó a contar... uno... dos... tres... ¡Auxilio!

—¿Qué pasa?

—¡No funciona!

—Ensaya otra vez.

—Uno... dos... tres... ¡Auxilio!

—¿Qué pasó esta vez?

—Es que hay un lobote en medio.

—Pues sáltatelo.

Por fin Microbio pudo saltárselo y se quedó profundamente dormido.

—Uno... dos... tres... ¡upa!... cinco... seis... siete... ocho... zzzzzzzz... zzzzzzzzzzz

## Federica y Ernesto

Todos los niños saben que los vampiros no pueden ver su reflejo en el espejo, algo que entristecía mucho a Federica, la tía de Grandulón. Por eso el tío Ernesto le había dado en su cumpleaños número trescientos un regalo que hablaba.

Ilusionada, Federica sostenía su joya, mirándose en ella:

—Dime, espejito, ¿quién es la más bella del castillo y sus alrededores?

—Tú, naturalmente. Pero eso ya te lo dije el día que me desempacaste —contestaba el espejo.

—Disculpa, mi querido espejito, pero es que me encanta oírte decirlo. ¿Cómo me veo con este peinado nuevo? ¿Sale con mi pintalabios?

—Combina perfecto. Podrías ganarte el primer premio en el concurso de belleza.

—¿Y qué te parecen mis dientes nuevos?

—La caja armoniza divinamente con tu boca de fresa.

—¡Oh, gracias!

—...y tu mentón salido hace una linda curva con tu peinado.

—¡Oh, qué maravilla!

—...en pocas palabras: Blanca Nieves al lado tuyo es una bruja arrugada. Bueno, ya me tengo que ir a descansar, adiós.

—¡El espejo se volvió a empañar! —se molestó Federica—. ¿Qué clase de espejo me diste, Ernesto?

—Deja ya de quejarte, Federica.

—Yo no me estoy quejando. ¡Es que el espejo no es capaz de echarme cinco piropos seguidos!

—No deberías pedirle tanto, eso es todo.

—¡Igual que tú! ¡Tu última gentileza conmigo fue hace cien años!

—No seas injusta —se defendió Ernesto—. Todo el mundo sabe que la llama del amor sólo dura tres o cuatro semanas y después todo se vuelve rutina.

—Si hubiera sabido eso hace doscientos cincuenta años, antes de casarme contigo... —suspiró Federica—. Tú antes me regalabas rosas rojas y conservas de sangre, pero ahora dormimos en ataudes separados y nos la pasamos haciendo crucigramas en el cementerio. Crucigramas que tú nunca mandas al periódico...

# Donde Polidori

La casa del profesor Polidori parecía un revuelto entre iglesia y supermercado. Las paredes estaban llenas de cruces y las ventanas repletas de ajos. El piso estaba sembrado de tomates atravesados con estacas de madera puntiagudas, de modo que el tapete a veces parecía un resbaladero. Las repisas estaban atiborradas de libros de referencia sobre vampiros, libros que en su mayoría sólo conocían los especialistas, como la obra del profesor Ángel, *La influencia de la luna llena sobre el crecimiento de los dientes de leche*, o el famoso ensayo del conocido doctor Newton: *Metamorfosis. La increíble transformación de los murciélagos.*

Obviamente también estaba en la repisa la obra magistral de Polidori, impresa por cuenta propia y ofrecida en vano al ignorante alcalde de su ciudad: *El peligro de los vampiros. Último intento de salvar a la humanidad,* del profesor Paulus Polidori.



En la sala había además un ataúd de verdad. "Es sólo para estudiar las costumbres de los vampiros", aseguraba el profesor, "aunque la verdad es que si tiene el tamaño y la decoración correctos, puede ser muy cómodo".

Polidori alquilaba el gimnasio de la ciudad para sus conferencias. Y aunque su

auditorio era tan reducido, o como hoy, inexistente, eso no disminuía la fogosidad de su charla.

¡Por el contrario! Los asientos vacíos lo inspiraban y le corroboraban la importancia de su misión. Porque no había duda de que era un profesor con mucha fantasía, capaz de imaginarse el auditorio de una manera muy real.



Después de organizar sus hojas, comenzaba a hablar:

—Estimados asientos... ah, qué bobadas estoy diciendo... Estimada y fiel comunidad... o mejor dicho, estimados fantasmas. El final está cerca. Está junto a la puerta, en forma de vampiros sanguinarios. Los vampiros están por todas partes. Aunque nosotros no los veamos, ellos quieren convertirnos en eternos esclavos de su reino de zombies. Ustedes se estarán preguntando cómo se reconoce a un vampiro. Pues bien, tras décadas de estudios, yo he llegado a una conclusión definitiva: por su risa. Sí, así es, queridos ciudadanos: los vampiros no se ríen como nosotros los humanos. Ellos no se ríen "ja, ja" ni "ji, ji" para que no se les vean los dientes. Ellos se ríen "jo, jo" —luego de una conferencia así, el profesor levantaba la cruz sobre su "auditorio", jurando—: Si alguna vez los ataca el enemigo y no tienen una cruz a la mano, no se desesperen, crucen los dedos y digan en voz alta: "¡Demonios!"

## Interpretación poética

—Hoy vamos a ver uno de los mejores poemas que Transilvia nos ha regalado —así comenzó Oxford su clase, abriendo el grueso volumen de poemas draculianos y comenzando a leer con solemnidad:

*Los vampiros amamos la luna*
*y también la oscuridad.*
*Las estrellas brillantes*
*nos dan mucha felicidad.*

*Estamos siempre dispuestos*
*por los métodos necesarios*
*a conseguir sangre fresca.*
*¡Somos muy sanguinarios!*

*Los vampiros usamos los dientes*
*como si fueran cubiertos.*
*Hasta los mismos espejos*
*saben que estamos muertos.*

*Después de nuestro trabajo*
*nos llama la sepultura.*
*Dormimos en ataúdes oscuros.*
*¡Es una ricura!*

—Ahora díganme, queridos niños: ¿qué nos quiere comunicar con este poema la poetisa?

Como siempre, Dientes de Leche levantó de primero la mano:

—¡Yo sé, yo sé! El poema dice que uno sólo puede dormir tranquilo si se ha ganado la sangre de manera honesta.

—Muy buena interpretación —asintió Oxford—. ¿Tú qué opinas, Regañadientes?

—Que uno sólo es un buen vampiro si se esfuerza por conseguir sangre fresca y no un jugo aguachento.

—Me doy cuenta y me alegro de que ustedes han captado muy bien el sentido del poema. Por favor, apréndanselo de memoria para mañana por la noche.

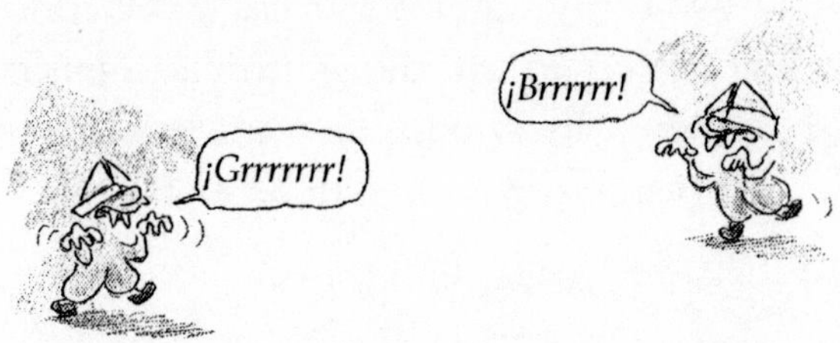


Aunque hubo unas cuantas quejas, todos se aprendieron el poema; y cuando Oxford les tomó la lección y alguno no sabía cómo seguía, su compañero se lo soplaba al oído.

Pero con Tinto eso no funcionó. Tenía el gorro metido hasta las orejas y no oía lo que le soplaban. Por eso Oxford tuvo que sacarle a tirabuzones las palabras:

*Estamos siempre dispuestos...*
*Estamos siempre dispuestos...*
*por los métodos necesarios...*
*por los métodos necesarios...*
*a conseguir saaaaaangre freeeeesca...*
*a conseguir sangre fresca...*

—No, Tinto, no debes decir simplemente "sangre". La entonación es más fuerte. Debes hablar con pasión: saaaaaangre freeeeesca. Vuelve a intentarlo.

—...a conseguir sangre freeeesca.

—Eso estuvo mejor. Pero si te ríes todo el tiempo como un idiota, no vas a pasar el examen. Muestra los dientes y saca bien las garras. ¡Tu víctima debe petrificarse del susto!

Otra vez clase de gimnasia.

# ¿Cómo se transforma uno en murciélago?

—Eso es muy sencillo —contestó Oxford, profesor de todas las materias—. Primero se ponen en cuclillas y se balancean suavemente sobre las rodillas. Luego comienzan a aletear con los codos, primero despacio y luego más rápido, hasta que se eleven y puedan volar.

Toda la clase comenzó a practicar, hasta que aletearon uno tras otro en el cielo nocturno. Sólo un vampirito tuvo dificultades:

—Es sin brincar, Dientes de Leche —le explicó Oxford—. Debes balancearte.

PD: Este ejercicio no funciona con los niños de los seres humanos.

# Dientes de Leche escribe un poema

Acababa Oxford de entrar en el salón de clase cuando comenzó un forcejeo entre los asientos. Regañadientes le había robado a Dientes de Leche una hoja que era para Sepulcreta. El vampirito estaba persiguiendo a Regañadientes para que le devolviera la hoja, y Sepulcreta estaba persiguiendo a Dientes de Leche para ayudarle.

—¿Qué hay en esa hoja? —preguntaron los compañeros.

—Léela en voz alta.

—Es un poema que escribió Dientes de Leche.

La clase estaba como loca:

—¡Dientes de Leche escribió un poema! ¡Dientes de Leche escribió un poema! —repetían.



Dientes de Leche se le echó encima a Regañadientes, furioso:

—¡Dame mi hoja!

Y Sepulcreta trató de correrle el asiento a Regañadientes.

Oxford dio un golpe en el pupitre y entonces reinó el silencio en el salón.

—¡Todos a sus puestos, o los pongo a fregar ataúdes! —dijo el profesor.

Dientes de Leche estaba muy molesto porque Tinto había hecho un avión con su poema y el avión estaba en pleno vuelo ahora.

—¿Qué clase de poema escribiste? —preguntó Oxford, que amaba la poesía

de Transilvia—. ¿Un poema sobre la naturaleza? ¿O algo moderno?

—No... —contestó Dientes de Leche—. Es más un... un... no sé cómo explicarle...

Toda la clase aulló:

—¡Es un poema de amor!



—¡Qué bien! Pero por eso no tienes que ponerte rojo —le dijo Oxford.

Regañadientes comenzó a molestar:

—¡Mua, mua! ¡Es un poema de amor!

Y los demás lo imitaron:

—¡Ja, ja, es un poema romántico! Escrito por don Juan Dientes de Leche, el buen mozo de la ferretería en los dientes.

—¡Silencio todo el mundo, por favor! Dientes, recítalo para nosotros —pidió Oxford.

Dientes de Leche se paró y comenzó a tartamudear:

—*Vámonos juntos a la lu-na... eres tan be-lla...*

—Silencio los de atrás, ¡Regañadientes y Tinto!

—*...Es-toy ávido de ti... soy un vam-pi-ro...*

—¡Dejen ya de burlarse! —los regañó Oxford.

También Sepulcreta estaba molesta:

—¿Ustedes quieren pelea, o qué?

—*...porque soy un vampiro... porque soy un vampiro...* ¡Ay! ¡Se me olvidó cómo sigue!

Mientras Dientes de Leche trataba de acordarse, los demás gritaban:



—¡Repetición! ¡A Dientes se le olvidó el poema!

Grandulón, que sentía lástima de los tartamudos, se solidarizó con Dientes de Leche:

—Lo que pasa es que ustedes tienen envidia porque no son capaces de escribir poemas —les dijo a sus compañeros.

—¡Yo sí sé escribir poemas! —rugió Regañadientes—. Y mucho mejor que este Romeo.

Dientes de Leche acababa de recordar cómo seguía su poema:

—*No soy rico ni gano millones... no tengo un castillo... pero te amo montones...*

—¡Muy bonito! —lo felicitó Oxford, muy contento—. De veras es muy bonito.

—Todavía no se ha acabado —dijo Dientes de Leche orgulloso—. Falta el aullido del hombre lobo —y antes de que Oxford se hubiera vuelto a sentar, lanzó un aullido tan profundo y desgarrador que la tiza se le cayó al suelo al profe—: ¡Auuuuuuuuu!

—¡Espléndido! ¡Te voy a poner un punto por esto!

Para la clase siguiente ya Regañadientes había escrito también un poema, y lo había puesto sobre el asiento de Dientes de Leche.

En el papel decía: "Tus ojos son como dos luceros que alumbran los basureros..."

—Ja, ja, muy chistoso —fue todo lo que dijo Dientes de Leche.

# Aproximación táctica

—Antes de comenzar la práctica sobre el modo de chupar la sangre y sobre su sabor... ¿Qué te pasa, Grandulón? Otra vez te pusiste pálido...

—Ya se me va a quitar... de verdad... es el aire de la cripta...

—...bien, antes de que pasemos al tema de cómo chupar la sangre, quiero practicar rápidamente con ustedes la aproximación táctica. Para eso necesito un voluntario que haga de víctima desvalida.

Ninguno se ofreció.

—¿Tú tampoco, Dientes de Leche? Pensaba que querías ganarte un punto...

Dientes de Leche sentía especial debilidad por las palabras "punto" y "nota especial".

—Hmm... Está bien, pero sólo hago una vez y bien rápido.

Apenas se puso la peluca y se pintó los labios de rojo encendido, Regañadientes se le echó encima.



—¡Grrrr! ¡Te voy a comer! ¡Muéstrame tu yugu!

—¡Vuelve a tu sitio y siéntate! —lo regañó Oxford.

Regañadientes no entendía:

—Es que yo pensaba que no era bueno esperar... eso nos ha dicho usted, profesor.

—Sí, pero hoy les quiero presentar una táctica de aproximación diferente. Si ustedes encuentran una víctima sabrosa fuera del bosque, en un restaurante, en una discoteca o en una banca del parque, por ejemplo, deben acercársele de manera estratégica. Eso quiere decir que

deben aprender a conversar con gentileza para involucrarla en una conversación agradable y ganarse su confianza. En resumen, deben practicar el arte de la conversación.

Regañadientes estaba desconcertado:

—¿El arte de la *conservación*? ¡Eso es dificilísimo!



Microbio pensaba lo mismo:

—¿Hay que sostener una conversación? Si yo nunca sé ni qué tengo que decir...

A Sepulcreta le parecía que el nuevo método estaba pasado de moda:

—¡Qué fastidio tener que hablar bobadas todo el tiempo!

—No teman, niños, no es difícil aprender lo necesario. Cómo ser amistoso al saludar y cómo conversar sobre el clima; por ejemplo, ustedes pueden decir: "Oh, qué bella luna llena, ¿no es cierto?"

—Qué estupidez.

—...o a hablar de las aficiones: tenis, viajes, colecciones de piedras de lápidas...

—¿Se puede hablar de todo? —preguntó Microbio.

—Sí, de todo lo que quieran. Y cuando se hayan ganado la confianza de su víctima pueden invitarla a tomarse un café; se le sientan bien cerca y se le van acercando cada vez más, hasta que puedan morderla. El resto es un juego de niños.

## Realidad sangrienta

—¡La sangre es un refresco muy especial! Queridos alumnos, ahora sí es verdad: hoy vamos a hablar del mordisco del vampiro y de sus consecuencias.

Regañadientes estaba emocionado.

Toda la clase estaba ansiosa.

Dientes de Leche volvió a limpiar sus anteojos, con nerviosismo.

Sepulcreta se relamió de gusto.

Sólo Grandulón pasó saliva, sintiendo la garganta cada vez más seca, por no hablar del ligero mareo que acababa de sentir o de los puntos negros que bailaban ante sus ojos cada vez con más intensidad.

Trataba de darse valor y se decía: "Yo no le tengo miedo a la sangre. Yo no le tengo miedo. Al contrario, a mí me gusta la sangre. Yo amo la sangre. Sangre, sangre..."

—¿Qué estás murmurando? —le preguntó Oxford.



—Eh... nada importante... "Sangre, sangre, soy un vampiro sanguinario..." —continuaba.

Entre tanto, Oxford había desempacado su material de clase. Una cabeza y un pie de yeso. En cada maniquí estaban dibujados dos puntos rojos que señalaban el sitio óptimo para morder.

—En caso de necesidad, obviamente pueden clavar los dientes en cualquier otra parte del cuerpo —explicó Oxford—. En la mano, o en el lóbulo de la oreja, por ejemplo. Pero los mejores sitios son la yugular y la vena del tobillo. Si tienen tiempo, pueden contener la sangre con un cinturón antes de chupar. Así brotará a chorros cuando muerdan.

—¡Rico! —se relamió Regañadientes—. Luego sólo hay que morder la vena hinchada y ponerse a chupar.

—Ojo, porque ponerse a chupar así no más sería la mayor tontería que ustedes podrían hacer. ¿Quién me puede decir qué hay que hacer antes de chupar?

El genio en química levantó la mano de inmediato:

—¡Yo sé! —exclamó Dientes de Leche—. Primero hay que hacer una prueba de sida y averiguar el grupo sanguíneo de la víctima, y después hay que comprobar la calidad de la sangre.



—Correcto. ¿Y cómo se establece si es de buena o de mala calidad?

—Por el contenido de hierro —contestó Regañadientes saboreándose—. Uno siente el sabor del hierro.

—Correcto. ¡Entonces procedamos! —invitó Oxford a sus alumnos—. Háganse a mi alrededor para que todos puedan ver.

A medida que caminaba, Grandulón temblaba más. "Yo no tengo miedo, yo no tengo miedo, a mí me encanta la sangre. La sangre es mi mejor amiga", se decía.

Oxford sacó de su maletín una aguja larga y puntiaguda, la miró contra la luz de la luna para comprobar que estuviera limpia y que pinchara bien, y se la clavó —¡pic!— en su dedo índice. De inmediato salió un chorrito fino de color rojo que se transformó en gotas gruesas rojas oscuras. Y para que no cayera al suelo, comenzó a envasarla en una probeta. Plin, plin, plin, en un abrir y cerrar de ojos se llenó el tubo y la sangre estuvo lista para la degustación.

# ¡Plop!

Grandulón había hecho todo lo que podía.

"Yo soy fuerte, soy un vampiro sanguinario y brutal...", seguía diciéndose. Pero cada vez veía más puntos negros, hasta que la vista se le nubló y todo se le puso tan negro como la noche, y él, ¡plop!, cayó desmayado al piso.

Oxford no podía creer lo que estaba pasando. Estaba horrorizado:

—¡Nunca había visto algo así en mi escuela! ¿Un vampiro que no puede ver sangre? —a Grandulón lo pusieron sobre la mesa con la cabeza hacia atrás y las piernas para arriba—. Espero que no sea grave... —comentó el maestro.

# Reunión de emergencia

Obviamente al conde se le informó de inmediato sobre tan singular incidente.

Y ustedes ya podrán imaginarse que la situación no le pareció nada divertida.

—¡Qué vergüenza! ¡Mi propia carne y s-a-n-g-r-e! ¡Debemos hacer algo urgentemente!

Pero ¿qué? Se convocó de inmediato una reunión de emergencia.

—Tal vez sea una enfermedad pasajera.

—Qué catástrofe, faltando tan poco para el examen.

—Y tratándose de Grandulón, que siempre ha sido un alumno tan equilibrado... —se maravilló Oxford.

—Si por lo menos le hubiera dado sarampión o paperas —dijo el conde quejándose de su destino—. Que padeciera de sonambulismo o de neurotumbitis. ¡Pero esto! ¡Qué vergüenza para nuestra escuela! Se van a burlar de mí. ¡El consejo académico me va a trasladar a la peor tumba de Valaquia!

Mientras todos discutían ardientemente la situación, tocó a la puerta el famoso médico Notorious Fierro de Transilvania. Citas desde la media noche hasta el amanecer, para todas las medicinas prepagadas.

—Dígame, mi estimado conde: ¿dónde le duele esta vez?

—Parece que mi hijo pescó una enfermedad grave. Apenas ve una gota de sangre se desmaya. En plena clase...

—¡Ajajá! Indiscutiblemente se trata de un caso de sangrefobia. O dicho de otra manera: debilitamiento general. Los casos han ido en aumento en los últimos tiempos.

—¿Conoce usted un método de curación eficaz?

Los ojitos redondos del doctor se iluminaron.

—Por lo general recomiendo hacer de inmediato un examen de sangre.

—Eso lo asustaría más —consideró Oxford—. ¿No hay otro método?

—Bueno, está el nuevo método psicológico, que consiste en acostumbrar paulatinamente al paciente al color rojo. Pero a mí ese tratamiento me parece un paño de aguas tibias.

—Yo creo que conviene ensayarlo primero... —decidió el conde—. Lo mejor es mandar a Grandulón a donde Federica y Ernesto para que lo cuiden con tranquilidad.

# La cura de mermelada

Todos los días Federica y Ernesto le daban a Grandulón pan untado con generosas cantidades de mermelada. Pero a pesar de su enorme paciencia, tuvieron que soportar las continuas recaídas de vampiro durante el proceso de curación.

—¡Ay, no! ¡Volvió a desmayarse!

—Creo que empezamos con una mermelada demasiado oscura.

—Tal vez deberíamos comenzar con una mermelada de frutas rojas claras.

Probando, poco a poco consiguieron que su pequeño paciente se acostumbrara

al color rojo. Primero fresa y luego frambuesa. Y así, después de varios días, lograron que el pan con mermelada de mora no le hiciera nada. Al contrario, el mismo Grandulón se aseguraba de que no faltara ninguna clase de mermelada al desayuno.

—¡Bravo! ¡Ya está curado nuestro pequeño!

También papá conde estaba contento:

—Voy a hablar con el doctor Fierro para que le haga de inmediato un examen general.

# El examen general

—Vamos a examinar bien a nuestro vampirito —refunfuñó el doctor—. Por lo menos ya le volvió el color verde lápida a las mejillas.

Grandulón tuvo que abrir bien la boca.

—Di "A" —le pidió el doctor.

—Aaaaaaaaaa.

—Ahora toma aire profundamente... y luego suéltalo.

Luego le tomó el pulso.

—El pulso está normal —constató— y los pulmones también. Ahora vamos a hacer la prueba de color —el doctor desenrolló una enorme tabla y le explicó a Grandulón qué debía hacer—: Debes mirar fijamente durante un minuto cada tono en la fila, de izquierda a derecha, sin desmayarte —Grandulón miró cada franja de color fijamente y siguió tan fresco como una lechuga—. Parece que el tratamiento sirvió... —dijo el doctor con incredulidad. También el conde estaba dichoso con la rápida recuperación de su muchacho—. Claro que todavía no debemos cantar victoria. Antes de que pueda asegurar que está del todo curado, debo practicarle la prueba de la jeringa. "¿Qué? ¿Cuál prueba de la jeringa?" Grandulón creía que no había oído bien. "Nadie me había hablado de eso. ¡Es el colmo! ¿Qué voy a hacer? Creo que me voy a volver a enfermar... pero no debo... yo soy un vampiro... yo no le tengo miedo a la sangre... me encanta la sangre... la sangre es deliciosa, deliciosa como la mermelada"—. ¿Qué te pasa?

—preguntó el doctor, que entre tanto había sacado una aguja puntiaguda de su maletín—. Otra vez estás pálido.

—No es nada, de veras —contestó Grandulón—. Además, estar pálido está de moda. Así me parezco a Michael Jackson.



—Bueno, pon atención que esto es bien sencillo: primero me pincho yo en el dedo —¡pic!— y luego te pincho yo a ti... ¡Opa! —el doctor Fierro no pudo continuar. Grandulón había hecho otra vez su clásico giro con aterrizaje en reversa y cinco minutos de desvanecimiento final—. ¡Desde el principio sospeché que esa terapia con mermelada y fresa no iba a funcionar! —refunfuñó el doctor—. Ya mismo le voy a hacer una prueba completa de sangre.

—¡Noooooo! ¡Yo no quiero! —gritó Grandulón temiendo por su yugular.

—No te preocupes —trató de tranquilizarlo papá conde—. El doctor va a usar una jeringa para sacarte la sangre.

—¡Pero yo no quiero!



—Mira... —intentó convencerlo el médico—... esta pequeña jeringa...

—¡Ustedes quieren hacerme daño!

—Es sólo un pinchazo.

Grandulón se resistía con pies y manos.

—¡Qué desagradecido eres! ¡Nosotros sólo queremos ayudarte! Otros niños se alegran de una inyección así. Pero si tú no quieres dejarte, tendremos que... ¡Quietoooo! ¡Quédate aquí!

Grandulón consiguió escaparse. Abrió la puerta, cerró la puerta y se echó a correr.

Se escapó tan rápido como pudo. Corrió por el pasillo, atravesó el patio, pasó la cripta, saltó el muro y se fue al bosque. Nadie pudo encontrarlo.

En algún sitio paró y se puso a berrear debajo de un árbol. Después de muchas lágrimas, se quedó profundamente dormido.

# El día

Cuando se despertó, Grandulón se pegó un buen susto. Sentía los latidos del corazón en el cuello y le temblaban las rodillas. "¿Qué me pasa? ¿Dónde estoy?"

Estaba en una pradera y empezaba a amanecer.

¡El amanecer! "Ahora me voy a transformar en polvo y cenizas. ¡Voy a terminar en un recogedor! ¿Cómo será eso? Seguro que es diez veces mejor que dejarse poner una inyección, ¿o no? ¿Qué es esto? ¿Qué tengo en los ojos?"

Parpadeó mirando a su alrededor, todo tan claro y lleno de color. La luz del día naciente lo pinchaba como miles flechas pequeñas, y al posarse sobre el rocío brilló aún más y lo obligó a cerrar los ojos.



En las copas de los árboles un mirlo dirigía la orquesta matutina. Y en el valle, más allá de los campos, se sentía el crepitar del primer tractor.

"Así que esto es la mañana", pensó preparándose para volverse cenizas en cualquier momento. Cerró los ojos todavía con más fuerza. "Microbio, ¡diviértete! Dientes de Leche, que te vaya bien, y también a ustedes, Regañadientes, Tinto y Sepulcreta. Siempre fueron buenos compañeros".

De repente, algo cálido se posó sobre su hombro.

¡Un rayo de sol!

Pero qué raro: en lugar de desintegrarse, Grandulón comenzó a sentirse cada vez mejor. Nunca se había sentido mejor. Incluso dejó que el cálido sol le acariciara el rostro.

## Gente infeliz

Cuando el día hubo concluido su ceremonia matutina, Grandulón se sentía transformado. Se había convertido en otro vampiro: "Seguramente los hombres son muy felices", pensaba. "Todos los días reciben el sol". Todavía le picaban los ojos, pero, lleno de curiosidad, tomó el camino de la ciudad con el fin de explorarla.

El primer ser humano que se encontró no se veía muy feliz a pesar del sol radiante. Por el contrario.

—¡Estoy triste! —le dijo. "¿Triste?", se preguntó Grandulón—. No sólo estoy triste, ¡sino tristísimo!

—¿De veras? ¿Y por qué?

—Porque todo el mundo se burla de mí. Del famoso profesor Paulus Polidori, que quiere librar al mundo de la amenaza de los vampiros. Todos en esta ciudad piensan que estoy loco. ¡Creen que veo fantasmas! Pero ellos están muy cerca. ¡Los siento!

—¿Quiénes?

—¡Los vampiros! ¡Y cada vez habrá más! Pero yo los voy a aniquilar, y si es preciso llevaré a cabo mi misión solo. Con una estocada en la mitad del corazón. Tú podrías ayudarme.

—¿Y-y-yo?

—Sí, ¡tú! Supongamos que este tomate que tengo aquí es el corazón de un vampiro; lo sostengo en la mano, tomo una estaca puntiaguda y se la clavo fríamente en la médula. La estocada mortal —y tomando impulso, Polidori atravesó el inocente tomate, ¡sac!, que simplemente chorreó jugo y salpicó—. ¡Impacto! —se regocijó—. El vampiro está liquidado... ¡Caramba! ¿A ti qué te pasa? Te pusiste pálido... ¿No te sientes bien?... Espera, ¡no te desmayes! —pero ¡plop!, Grandulón volvió a desmayarse—. ¿Qué tienes? —le preguntó, ayudándole a sostenerse de nuevo en sus tambaleantes piernas. 

—Ah, nada, es que me pone nervioso que el mundo esté lleno de tipos que quieren pincharlo a uno.

Y dicho esto, se levantó y se fue.

## Asombro

Como sólo faltaban dos noches para el examen, el conde Lester decidió solucionar el problema de Grandulón de manera pacífica. Sin sangre ni jeringas. Palabra de Drácula.

Además, había acordado con Oxford que en la parte oral del examen le pondrían a Grandulón una pregunta lo más sencilla y libre de sangre posible.

Entre tanto, Grandulón había vuelto al castillo y sus compañeros le tomaban el pelo:

—¿Cuántas veces te desmayaste, señor Salsa de Tomate?

—¿Te salió un chichón en la cabeza?

—Cuando volvamos a jugar vampiros y hombres, ¡tú vas a hacer de hombre! —se burló Dientes de Leche.



Sepulcreta y Regañadientes hicieron lo mismo:

—Si eres tan gallina, ¿cómo vas a hacer para convertirte en un monstruo?

Grandulón estaba furioso:

—¿Así que ustedes piensan que soy un cobarde? Muy bien. No seré tan bueno con la sangre como ustedes, ¡pero puedo hacer algo que ustedes no pueden hacer!

Todos se morían de curiosidad.

—¡Habla! —le pidieron.

—Sólo si prometen no contar —contestó él.

—Prometido, palabra de honor.

—Entonces oigan: ¡yo puedo salir al sol!

—¿Quééééé?



—¡Imposible! —dijo Dientes de Leche—. ¡Te desintegrarías y te volverías polvo y cenizas!

—¿Te parezco un montoncito de cenizas? —se burló Grandulón. Yo creo que a Polvillo lo convirtió en cenizas un rayo. Acérquense para que nadie más pueda oír...

Grandulón les contó toda la historia, y con más gusto la parte del profesor caza-vampiros Polidori.

Era una historia muy rara. Sonaba interesante. ¿Sería cierta? Porque si bien era rara, por el otro lado...

—Si ustedes son tan valientes como dicen, podemos ir mañana temprano para que se convenzan con sus propios ojos.

—¿Y cómo hacemos para ver si se supone que el sol nos deslumbra?

—Mi abuelo tiene un cajón lleno de gafas de sol.

—¿Vamos?

Como los jóvenes son curiosos, toda la clase resolvió ir a hacerle una visita de auténticos vampiros a ese tal Polidori...

## La excursión

La excursión de la madrugada funcionó a la perfección. Aunque la tapa del ataúd de Microbio había crujido bastante, Néstor roncaba tanto que no se había dado cuenta de nada. Sólo se levantó un lobo y aulló con nostalgia.

Y entonces salieron todos en puntillas. Pero en medio de la agitación se les olvidó cambiarse de ropa y por eso la expedición clandestina se paseaba en piyama por la ciudad.

No pueden imaginarse el asombro que producían estas lechuzas diurnas. Ni cuánto se divirtieron los vampiritos con las miradas curiosas de la gente después de vencer su timidez inicial.

El profesor Polidori estaba dictando en ese momento una de sus emotivas conferencias. Como siempre, el salón estaba atestado de sillas vacías. Por eso, cuando los empiyamados se tomaron por asalto el gimnasio, se puso feliz de poder saludar a un par de visitantes visibles.

—Sigan, niños. ¡Nunca es demasiado pronto para escuchar la verdad! El tema de hoy es la teoría de la invisibilidad. Tras años de estudios, he llegado a formular

esta nueva teoría: la prueba de que los vampiros existen es que uno no puede verlos. Porque si los vampiros no existieran, ¡no necesitarían esconderse!

Los vampiritos se echaron a reír.

—Nosotros no nos escondemos, ji, ji. Estamos aquí a la vista de todo el mundo, ja, ja.

—¡Me muero de la risa! —dijo Sepulcreta.

Eso irritó al profesor:

—¡Con eso no se hacen chistes!

—¡Es que nosotros somos vampiros!

—¡Vampiros de verdad!

—¡Crueles y sanguinarios!

—Vea nuestros dientes, profesor: son de verdad. ¡Grrrrr!

Y todos le mostraron burlonamente los dientes.

—¡Sí, búrlense de mí, mocosos! —maldijo Polidori con cierta indulgencia, pues se daba cuenta de que había niños ignorantes a los que les gustaba tomarle el pelo. Niños a los que les divertía disfrazarse. ¿Y es que a quién no le gusta jugar al monstruo o al vampiro, en especial en época de Halloween? Pero ni siquiera los burleteros debían renunciar a sus consejos salvadores—: Si ustedes se encuentran con un chupasangre de verdad —aconsejó con toda seriedad—, lo pueden mantener a distancia con ajo fresco.

Apenas sacó del bolsillo un ajo bien grande, comenzaron los vampiros a chillar como si los estuvieran asando:

—¡Ajo! ¡Esto es el colmo! ¡Gúacalas! ¡Basta!

Y cuando el profesor logró sacar de su bolsillo su cruz y los empiyamados comenzaron a arrastrarse por los asientos como si los hubiera picado una tarántula, la cosa le pareció algo extraña. Además, cuando empezaron a transformarse en murciélagos y a aletear entre risas, el pobre comen-

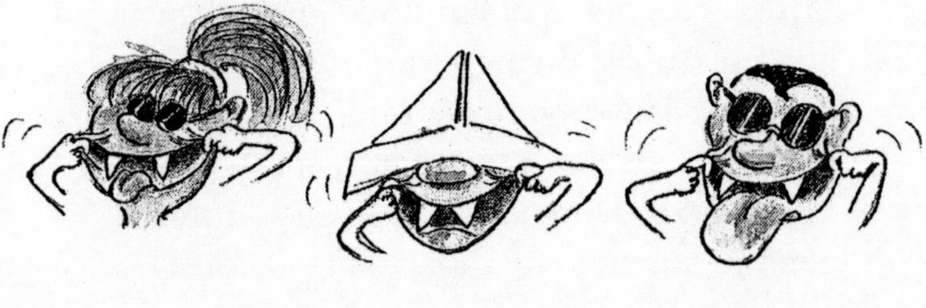

zó a perder la perspectiva, qué digo yo, ¡el entendimiento!

—¡Mur-mur-ciélagos! —tartamudeó, sumiéndose momentáneamente en una enajenación mental académica—. ¡Por las tres señales de la cruz y el santo quién sabe quién! ¡E-e-sos s-on vampiros! ¡Los mensajeros del mal! ¿Estoy viendo bien, o es un espejismo? ¡Oh, no hay razón para dudar! El conde Drácula se me ha revelado, se burla de mí y me desafía a un due-

lo —el recién iluminado con la horrenda verdad corrió a la alcaldía, gritando—: ¡Los vampiros existen! ¡Yo los vi, están ahí, ya es demasiado tarde!

Se sentía ligeramente febril y muy nervioso, pero feliz de que la desgracia que había profetizado por fin hubiera llegado. Obviamente sólo para que se encargara de vencerla él, el profesor Polidori.

Pero, ¡lástima!, nadie lo comprendía. ¡Se le burlaron! Lo mandaron al médico y a guardar cama tres días, y además le pusieron una multa por promover el pánico.

¡Si eso no fuera motivo de tristeza! ¡Si eso no fuera motivo para que se encerrara otra vez tres semanas en su habitación llena de ajos, a devanarse el seso pensando qué hacer por un mundo que no quería ser salvado!

Antes de que los vampiritos volvieran al castillo, Regañadientes quiso ensayar una aproximación táctica con "conservación", o como fuera que se llamara esa cosa. 

—¡Allí va una víctima! —dijo entusiasmado—. ¡Es una linda chica! ¡Yo me la pido! —y se le acercó—. Hola —la saludó, preparando sus garras—. ¿Te gustaría chuparte conmigo una taza de café? —antes de que pudiera brincarle encima y clavarle sus dientes afilados en el cuello, como decía el libro del colegio, la muchacha le dio —¡pif, paf!— una bofetada que le dejó las mejillas ardiendo—. ¡Me diste una bofetada! ¡A mí, el vampiro cruel! —aulló—. ¡Es el colmo! ¡Eso no salía en el libro! —ofendido, le hizo ver a la muchacha lo que había hecho—. ¡A los vampiros no se les dan bofetadas!

Ella se echó a reír:

—¿Tú, un vampiro...?

—¡Un vampiro cruel! Pero espera a que sea grande y haya pasado el examen. Pienso volver y entonces... ¡grrrr!

Al caer el crepúsculo todos se apresuraron a sus ataúdes.

—Podría echarme a dormir ya mismo —dijo Regañadientes, bostezando.

Pero no tenían tiempo. La luz pálida de la luna brillaba sobre la cripta. Eso significaba que era hora de levantarse otra vez, bañarse, afilarse los dientes, desayunar y correr al salón de clase, donde Oxford esperaba impaciente para dar comienzo a la primera lección...

# La última clase antes del examen

Se suponía que en la última clase iban a repasar lo que habían visto antes...

"Parece que tienen miedo del examen", pensó al principio de la clase Oxford, hasta que vio que las respuestas a sus preguntas eran cada vez más lentas y adormiladas. "Qué raro, ¿qué les estará pasando a estos niños hoy?"

—Oye, Microbio, ¡despiértate! Regañadientes, ¡no ronques tan duro! —"¿Cómo hago para que se despierten? Los voy a motivar con una de sus preguntas favoritas"—. Bueno, niños, todos pon-

gan atención: ¿Quién ganó mediante una apuesta en 1642 nuestro castillo: Carlos el Terrible o Enrique el Sanguinario?

Nadie le contestó. Sólo Regañadientes movió ligeramente un dedo y dijo:

—Enrique...

Oxford terminó por imaginarse que el cansancio repentino de sus estudiantes sólo podía tener como explicación que hubieran estado estudiando todo el día en secreto para el examen. ¡Estaba orgulloso de sus alumnos!

## El comité evaluador

Mientras los vampiritos se morían de susto ante la expectativa del examen, se había dado cita en el salón de actos, como todos los años, un pequeño comité de evaluación.

Invitados y anfitriones se saludaron cordialmente y se colmaron recíprocamente de elogios, como era la usanza en Transilvania. Federica estaba sentada junto a Transilvia Sangre Azul.

—¡Qué bien se conserva usted! —elogió a la famosa poetisa—. ¡No parece que tuviera doscientos cincuenta años!

—Doscientos cuarenta y nueve, por favor.

—¿Y cuál es su truco?

—Es un secreto —sonrió Transilvia—. Para la belleza que viene de adentro, escribo diariamente un pequeño verso. He ahí la fuerza rejuvenecedora y sublime de la poesía.



—Ajá, entiendo —asintió Federica—. ¿Y qué maquillaje utiliza usted?

—Se lo diré en secreto. Yo no uso sustancias químicas, sino bio-productos: tierra fresca del cementerio y un poco de harina de hueso.

—Su cuello es muy bello —dijo Archibaldo, metiéndose en la bio-conversación—. Y su garganta es muy interesante...

—Muchas gracias.

—Con gusto yo me dejaría morder en la oreja de esa atractiva dentadura suya...

Con tan alegre estado de ánimo se contaron chistes tontos, hablaron de hazañas cruentas y recordaron historias escolares. 

—¿Qué tal todo lo que tienen que aprender los muchachos ahora? —comentó Carlos el Terrible—. Grupos sanguíneos y ese montón de cosas.

También Enrique recordó con nostalgia los tiempos pasados:

—A nosotros no nos tocaba esperar tanto: ¡mostrabámos los dientes y se los clavábamos a la víctima!

Para finalizar el festivo encuentro, el conde se volvió a Transilvia:

—Estimadísima reina de la poesía, usted sabe que yo soy un vampiro del mundo de las tinieblas y de los muertos. Pero, ¿qué sería de mí y de los murciélagos como yo, sin vampiresas poetas como usted? Tenga la cortesía de obsequiarnos un pequeño lema de motivación para el examen.

—¡Oh, graciosa y bella poesía! —exclamó Oxford con entusiasmo—. ¡Eso sería maravilloso!

Todos estaban de acuerdo:

—¡Poema! ¡Poema!

—Bueno, mis queridos colegas mordelones y aficionados al rojo refresco. Para el examen de este año, mi lema para ustedes y sus alumnos es este:



**"VAMPIRITO SANO<br>SANGRECITA BEBE".**

—¡Bravo, bravo! —aplaudieron entusiasmados, aullando con éxtasis y en adoración a la luna, de un modo que al mismo Oxford se le humedecieron los ojos...

## El examen escrito

Antes de repartir los exámenes, Oxford volvió a explicar muy bien lo que debían hacer:

—Tienen exactamente una hora. Lean con atención las preguntas antes de comenzar a contestar, y si tienen dudas dediquen un par de minutos más a esas preguntas.

—¿Cuántas hojas tiene el examen? —preguntó Dientes de Leche.

—Son dos hojas para cada uno. En cada hoja hay una pregunta y tres respuestas. Recuerden que sólo deben marcar una respuesta.

—¿Qué pasa si uno tiene que ir urgentemente al baño? —preguntó Microbio, muy nervioso—. ¿Puede llevarse el examen?

—¡Claro que no! Eso está terminantemente prohibido. Tienen que ir solos al baño, sin papel ni estilógrafo. Y al que descubra copiando, ¡le pongo cero!

Cada uno se preparó entonces para responder las preguntas.

Y después de que les repartieron los exámenes, comenzaron las grandes cavilaciones.

**Pregunta 1**

Una niña rubia de lindos labios rojos, que está perdida en el bosque, te pregunta qué camino debe seguir. ¿Cómo debes comportarte tú con ella?

a) Le explicas qué camino seguir.
b) La acompañas hasta el próximo claro en el bosque.
c) Te le echas encima con un aullido salvaje.

**Pregunta 2**

Una niña rubia que está perdida en el bosque está locamente enamorada de ti, pero desconfía de tus dientes. ¿Qué debes decirle?

a) Que tus papás no pudieron comprarte *brackets.*
b) Que nunca mudaste los dientes de leche.
c) Te le echas encima con un aullido salvaje.

Dientes de Leche fue el primero en entregar el examen y Tinto fue el último. En el pasillo todos comenzaron a comparar las respuestas.

—¿Qué pusiste tú en la primera?

—Yo puse c, lógicamente.

—Yo también.

—Y en la segunda, ¿qué respondiste?

—Era bobísima —Regañadientes hizo una mueca—. También puse c.

—¡Ay, la embarré! —se quejó Dientes de Leche—. ¡No puedo creerlo! ¡En la segunda pregunta yo marqué la a!

—No te preocupes que ahora viene el examen oral —lo tranquilizó Sepulcreta.

# El examen oral

Por fortuna, Dientes de Leche podía reparar el error de la prueba escrita. Con todo fervor declamó su ya famoso poema de amor, y obtuvo de la entusiasmada Transilvia la mejor nota: ¡un cinco! A ella le hubiera gustado estamparle un beso en la mejilla de lo impresionada que la tenía el vampi-poeta gafufo.

—¡Guau! —se asombraron sus compañeros, en especial Regañadientes—. ¡Dientes de Leche sacó cinco! ¿Cómo hizo? El muy pillo... ¿será por lo del aullido de lobo al final?

Microbio se tuvo que transformar en murciélago delante del comité, y después le pidieron que hiciera un par de acrobacias aéreas. Un triple salto hacia atrás, un vuelo alto y un aterrizaje forzoso en la cripta. Todo le salió a la perfección. Resultado: ¡sacó cinco!

El examen de Tinto consistió en recitar el poema de Transilvia llamado "Nosotros amamos la oscuridad". Como siempre, Oxford tuvo que ayudarle un poquito. Pero a nadie le importó, porque Tinto prolongó la palabra "sangre" con tanta pasión cada vez —sangreeeeee—, que al comité de evaluación se le erizó hasta el último pelo de la membrana del tímpano. ¡Otro cinco! ¡Grrrr!

A Regañadientes le pusieron su tarea favorita. Tuvo que demostrarle al comité cómo se le echa encima un vampiro en la mitad del bosque a una niñita de cabellos rubios. Y como Dientes de Leche se negó a hacer de víctima, Federica se ofreció gustosa.

—¡Ven, mi pequeño tigre! —lo retó. Regañadientes no dejó que se lo repitieran. De un brinco se le echó encima, la tumbó de la silla desbaratándole el peinado, se le pegó al cuello, abrió la boca, mostró rabiosamente los dientes, y la mordió.

El grito estridente de Federica, de placer y de susto al mismo tiempo por haber pasado cien años llenando crucigramas, retumbó en todo el valle, se oyó en la ciudad y despertó a Polidori, que se quedó tieso del susto.

¡La recompensa por el ataque magistral fue un cinco!

¡Aclamado!



Parecía ser un excelente final de curso. Nunca en la historia escolar todos los alumnos habían sacado la mejor nota.

También Sepulcreta sacó cinco por su degustación de sangre. Con los ojos vendados, y sólo con ayuda de su lengua, tuvo que probar varios platos, entre éstos salsa de tomate, remolacha y mermelada, y decir cuál era el de la sangre. Además, tuvo que preparar el famoso rollo de Transilvania con la receta original de la cripta, y servírselo a los miembros del comité evaluador:

*Musgo fresco y 10 gotas de sangre*
*se necesitan para calmar el hambre.*
*Una pizca de tierra fresca de ataúd*
*es lo mejor que hay para la salud.*
*Todo esto revuelto da buen sabor*
*con arañas gordas, nada mejor.*
*Más 7 gramos de sapos babosos*
*y 2 bolsas de gusanos pegajosos.*
*Se amasa bien siguiendo la receta*
*y así el rollo se completa.*

Para Grandulón, el conde buscó una tarea libre de sangre y del rigor escolar (¿quién no se hace el de la vista gorda cuando el propio retoño es tan delicado?). Lo puso a pintar en el tablero los planetas que dan luz y vida. Una tarea muy fácil.

Pero entonces ocurrió... ¡el escándalo del año! ¡Pamplinas! ¡Fue el escándalo

más grande de todos los años escolares juntos! Porque en lugar de pintar una luna bonita, redonda y llena, Grandulón dibujó en el tablero, santo murciélago, ¡un sol! Increíble pero cierto: ¡pintó el sol! Con sus gigantescos rayos. Tan grande que el comité casi se cocina del calor.

El conde se puso tan blanco como una tiza. Y el comité de evaluación lanzó un aullido de rabia tan espantoso que hasta en la cripta más lejana temblaron los ataúdes y los murciélagos se descolgaron de las tapas.

Hubo una enorme confusión, y luego pasaron todos escandalizados y en la más profunda indignación otra vez al salón de los profesores.

—¡Esto es intolerable! —exclamó Carlos el Terrible—. ¡Qué inmoralidad! ¿Es posible que ocurra semejante cosa en su colegio?

—Tranquilícense, por favor... —el conde trató de calmarlos—. Estimado cuerpo docente...

—¿Cómo podemos tranquilizarnos? ¡Vamos a quedarnos más mudos que una tumba! ¡Aquí habrá un silencio sepulcral! Porque nunca más volveremos a examinar a sus alumnos. ¡Vamos a pedir su traslado a la máxima autoridad académica! ¡Vamos a pedir que lo manden a Valaquia!

—Permítanme explicarles... —insistió el pobre conde.

—¿Qué explicación puede darnos cuando un estudiante dibuja ante nuestros propios ojos semejante sacrilegio?

Siempre tuvimos confianza en sus métodos de enseñanza, ¡pero a cambio recibimos esa imagen deslumbrante!

# Mentirita piadosa

El conde hizo un último y desesperado intento:

—Estimados chupasangres, venerados zombies, poetas y educadores de las tumbas, severos pero justos guardianes del programa académico vampiresco. Antes de que ustedes den un fallo, un fallo que sería un error, quiero pedirles que piensen que no es el sol lo que parece haber en el tablero.

—¿Cómo? —se sintió un murmullo—. ¿No es el sol? ¿Entonces qué es?

—Es la luna.

—¿La luna?

—¡Exactamente! Nuestra buena y vieja luna. Grandulón quiso hacer un dibujo especial con rayos. Pero seguramente le salió mal porque estuvo enfermo y tuvo que quedarse encerrado algún tiempo en su ataúd. Su profesor puede confirmarlo.

—¿Enfermo? Qué interesante... ¿Y qué tenía?

—Eh... él tuvo... él no podía... cómo explicarles...

—¡Déjese de titubeos!

—¡Él no soportaba ver la mermelada!

—Hm... hm... —murmuró Enrique el Sangriento—. A mí tampoco me gusta mucho la mermelada. Pero, excelencia,

¿acaso por esa razón voy a dibujar en el tablero un sol?

—Sí, estimadísimo Enrique —dijo el conde—. El pequeño sufría de mermeladia severa y siempre que veía mermelada se desmayaba.

—Un estudiante muy particular. Deberíamos enviarlo a un internado para vampiros especiales. 

—Yo les ruego, estimados colegas, que le den el diploma. En la prueba escrita él fue intachable.

—¿Intachable? ¿Qué me dice de la niña que quería acompañar hasta el próximo claro del bosque?

—¿Hasta el próximo claro...? Ah, ya... ¿Cómo les explico? Eso es fácil... Él quería llevarla allí para verle mejor la yugular, ¿no es cierto?

Carlos el Terrible y también Transilvia coincidieron en que esta nueva interpretación merecía una recapacitación.

Y para conferirle mayor importancia a su solicitud, el conde señaló que hasta entonces no sólo había tenido en su escuela los alumnos más crueles, sino que este año tenía a Grandulón, un estudiante dos veces más sanguinario que cualquiera.

## Foto de grupo con vampiros

Los que crean que los vampiros no tienen corazón, que son simples momias-maestras vetustas y profesores-monstruos, están muy equivocados. Porque después de una corta pausa de deliberación en la que ocho ojos se hicieron los de la vista gorda, Carlos el Terrible y los demás miembros del comité decidieron que el muchacho verdoso de conducta particular y esa extraña enfermedad recibiría de todos modos un diploma. Claro que sería un diploma más pequeño que el de sus compañeros, pero al fin y al cabo confirmaría en rojo y blanco que había pasado el anhelado examen del vampicherato.

El famoso conde jamás se había tomado con mayor alivio una copa de sangre ni había chocado las copas con tanto gusto en el brindis escolar.

—¡Soy el director de escuela más feliz del mundo! —decía, mientras el fotógrafo del castillo aguardaba impaciente que todos se agruparan para tomar una foto.

Así terminó el año escolar y el examen de nuestros pequeños chupasangres. Bueno, no del todo. Después hubo gran fiesta draculista con baile y alboroto, música clásica y vampirrock, y todos cantaron

tan fuerte como pudieron el viejo *hit* de la cripta:

*Somos el terror de los valles,*
*vampiros sanguinarios y crueles*
*que en murciélagos nos convertimos*
*y volando bajo nos divertimos.*
*A media noche en el castillo*
*siempre hay batallas de almohadas*
*y todos los ataúdes crujen...*

PD: Que no pudieran ver las fotos de los alumnos vampiros y del profesorado después de revelarlas no opacó en absoluto su alegría. Porque lo más importante, los diplomas, esos sí salieron bien nítidos...